Las burbujas

Dibuja las burbujas de jabón del hipopótamo pasando por las líneas de puntos. Empieza por donde indican las flechas. Después pinta las burbujas de color azul.

para los padres

Trazando círculos con un movimiento fluido y sin levantar la mano del papel, vuestro hijo practica la escritura de las letras o y a.

Dibujamos bigotes

Dibuja los bigotes de estos animales. En primer lugar, repasa los de las líneas de puntos y después pruébalo tú solo.

para los padres

Pasando por encima de líneas cortas, vuestro hijo desarrolla su destreza y mejora la coordinación ojo-mano.

Buscando el camino

Este cachorro ha perdido a su madre. Ayúdale a encontrarla dibujando el camino que ha de seguir.

para los padres

Trazando un camino entre dos líneas, vuestro hijo aprende a dominar el movimiento en un espacio reducido.

¡Dibujar es divertido!

Dibuja el pez y el caracol como en los modelos, uniendo los puntos. Después pinta los animales.

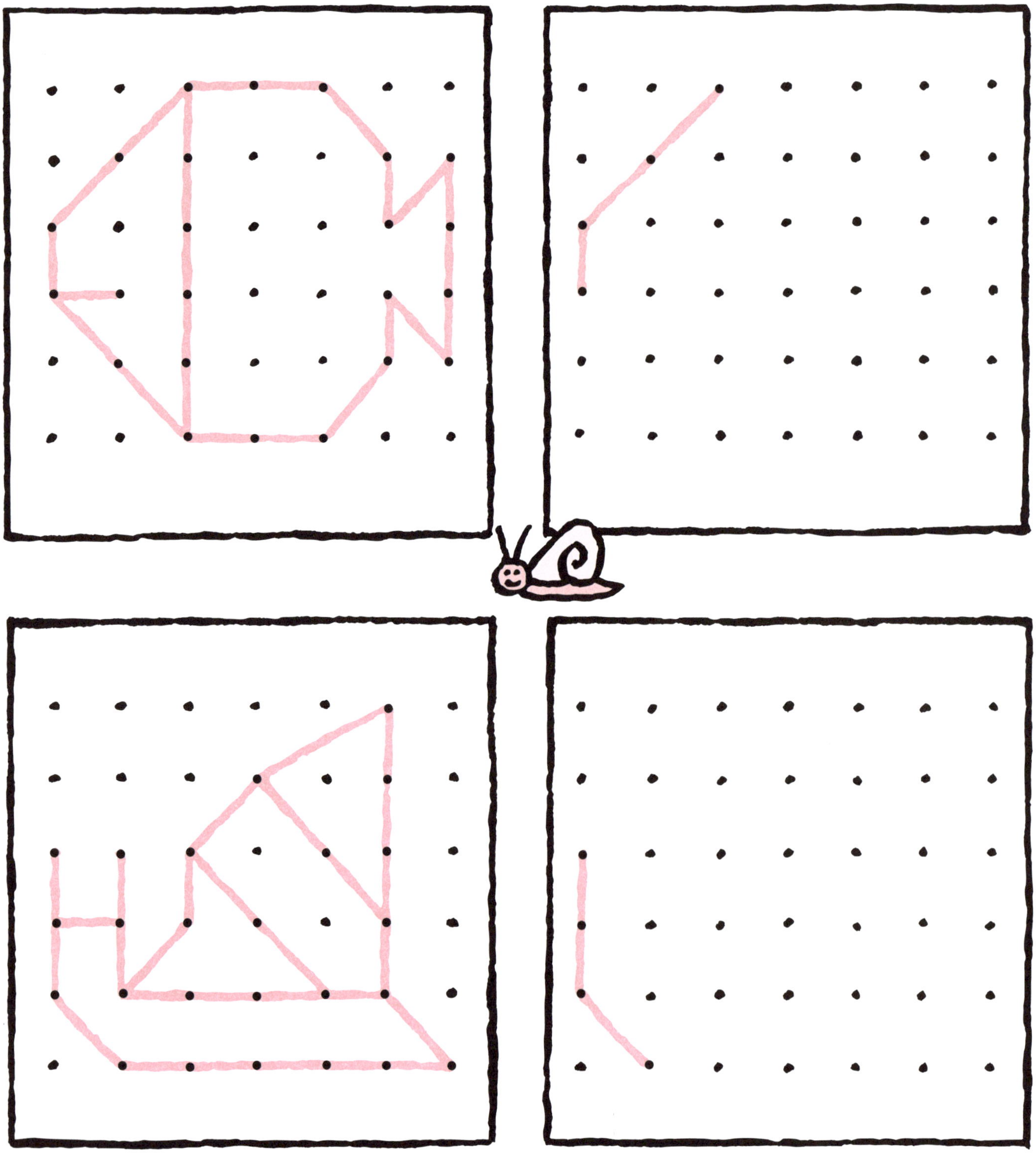

para los padres

Con esta actividad vuestro hijo aprende a observar, y esto es importante para el aprendizaje de la escritura de las letras y de las palabras. Además, aprende a orientarse en el espacio.

¡Salta, salta!

¡A estos animales les encanta saltar! Con un lápiz, repasa las líneas de puntos. Sigue la dirección de la flecha.

para los padres

Trazando arcos sin levantar el lápiz del papel, vuestro hijo practica la escritura de las letras m y n. Además, aprende el sentido de la escritura.

Mi casa

Con un lápiz, decora esta casa siguiendo el modelo de las etiquetas. Después píntala.

para los padres

Vuestro hijo aprende a reconocer y a reproducir un modelo, y esto es importante para el aprendizaje de la escritura.

El oso malabarista

Pinta este dibujo con los colores correspondientes. ¡Fíjate bien en el código!

△ = amarillo □ = rojo ○ = azul * = verde ● = lila

para los padres Con esta actividad vuestro hijo aprende a observar. Además, pintar es la actividad perfecta para dar flexibilidad a la muñeca.

Líneas horizontales y verticales

Con un lápiz, repasa todas las líneas de puntos de este dibujo. Después píntalo.

para los padres Con esta actividad vuestro hijo aprende a trazar líneas paralelas, verticales y horizontales.

¡Ya sé dibujar!

Fíjate bien en estas cenefas. Cópialas debajo de cada una.

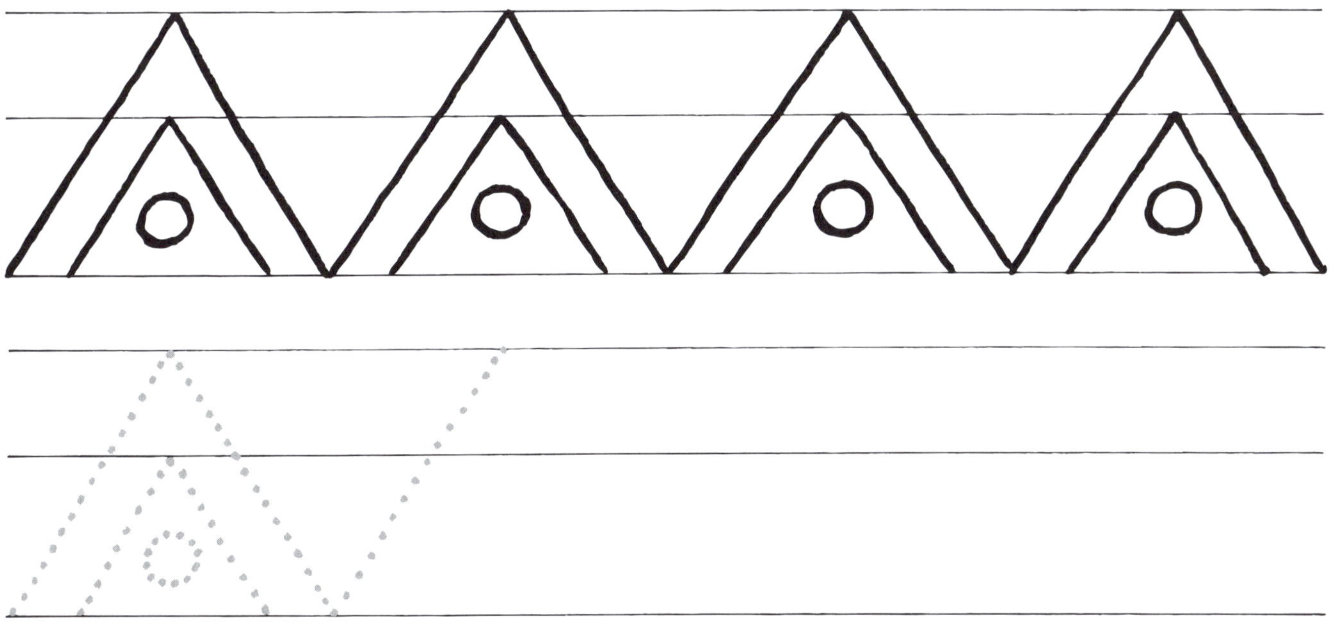

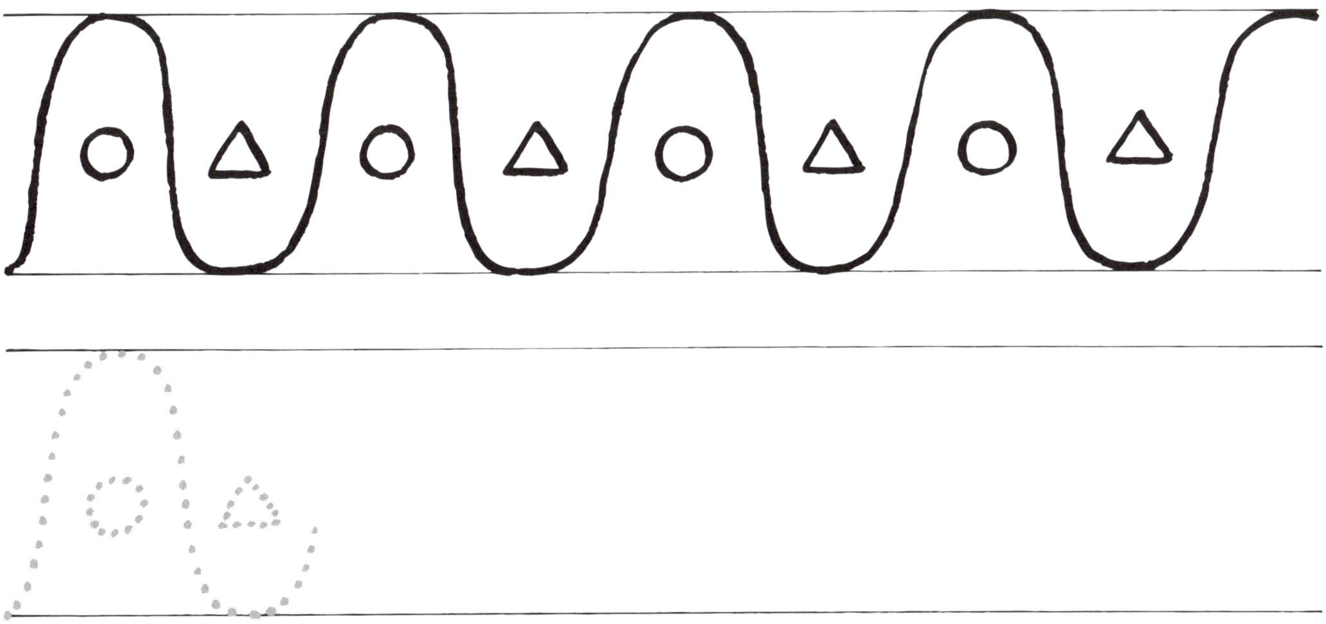

para los padres

Con esta actividad vuestro hijo aprende a cambiar de dirección mientras escribe: alternativamente hacia arriba y hacia abajo. Esta sucesión rítmica es una preparación para la escritura de las letras d y t.

¡Arriba, globo, arriba!

Dibuja los globos pasando con el lápiz por las líneas de puntos. Después pinta cada globo de diferente color.

para los padres Trazando óvalos sin levantar la mano del papel, vuestro hijo practica la escritura de letras redondas.

Dibujamos caras

Fíjate bien en la parte izquierda de estas caras. Dibuja el lado derecho de la misma manera.

para los padres Con esta actividad vuestro hijo aprende a observar y a reproducir un modelo. Percibir detalles es ya una cualidad importante en el aprendizaje de la escritura.

Buscando el camino

A esta bruja le gustaría dar una vuelta con su escoba. Ayúdala a encontrarla.

para los padres

Trazando un camino entre dos líneas, vuestro hijo aprende a dominar el movimiento en un espacio reducido.

¡Llegó el otoño!

Dibuja los nervios de estas hojas. En primer lugar, pasa el lápiz por las líneas de puntos y después pruébalo tú solo. Después pinta cada hoja de un color de otoño.

para los padres Repasando líneas cortas vuestro hijo desarrolla su destreza y mejora la coordinación ojo-mano.

Olas grandes y pequeñas

Con un lápiz, pasa por las olas partiendo de las flechas.

para los padres

Trazando olas sin levantar el lápiz del papel, vuestro hijo practica la escritura de la letra u. Además, aprende el sentido de la escritura.

Dibujamos con puntos

Fíjate bien en los modelos. Une todos los puntos de manera que obtengas un dibujo idéntico al del modelo. Después pinta los dibujos.

para los padres Con esta actividad vuestro hijo aprende a concentrarse para reproducir un modelo. Una buena concentración es una cualidad importante en el aprendizaje de la escritura.

¿Quién vuela por aquí?

Pasa el lápiz por las líneas de puntos para dibujar los bucles.

para los padres Trazando bucles sin levantar la mano del papel, vuestro hijo practica la escritura de las letras l y e. Además, aprende el sentido de la escritura.

El gatito

Pinta este dibujo con los colores correspondientes según el código.

para los padres Con esta actividad vuestro hijo aprende a observar. Además, pintar es la actividad perfecta para dar flexibilidad a la muñeca.

A dormir

Pasa el lápiz por las líneas de puntos. Después pinta el dibujo.

para los padres Trazando arcos sin levantar la mano del papel, vuestro hijo practica la escritura de las letras m y n. Con los pequeños arcos desarrolla su destreza.

El espantapájaros

Decora el espantapájaros siguiendo el modelo de las etiquetas. Después pinta el dibujo.

para los padres Vuestro hijo aprende a reconocer y a reproducir un modelo, y esto es importante en el aprendizaje de la escritura.

Abracadabra

Este mago ha hecho desaparecer al conejo sin querer. Ayúdale a encontrarlo trazando el camino correcto.

para los padres

Trazando un camino entre dos líneas, vuestro hijo aprende a dominar el movimiento en un espacio reducido.

Bucles grandes y pequeños

Con un lápiz, pasa por encima de los bucles.

para los padres

Trazando bucles sin levantar el lápiz del papel, vuestro hijo practica la escritura de las letras j y g. Además, aprende el sentido de la escritura.

Animales en bicicleta

Dibuja los radios de las bicicletas. En primer lugar, pasa por las líneas de puntos y después pruébalo tú solo. Después pinta todos los monos.

para los padres Pasando por encima de líneas cortas, vuestro hijo desarrolla su destreza y mejora la coordinación ojo-mano.

Dibujamos ángulos

Ayuda a este cocodrilo a hacer los ejercicios de la pizarra. Con un lápiz, reproduce el modelo.

para los padres

Pasando por encima de estas líneas vuestro hijo acostumbra la mano a cambiar constantemente de dirección. Es una buena preparación para la escritura de las letras.

La abuela osa

La abuela osa está haciendo una manta para su nieta. Decora la manta con bucles. ¡Si la pintas todavía te quedará más bonita!

para los padres Trazando pequeños bucles vuestro hijo desarrolla su destreza y practica la escritura de las letras l, e, j y g.

Las tres carreras

Fíjate bien en las banderolas. Reprodúcelas sobre las líneas para completar los tres recorridos.

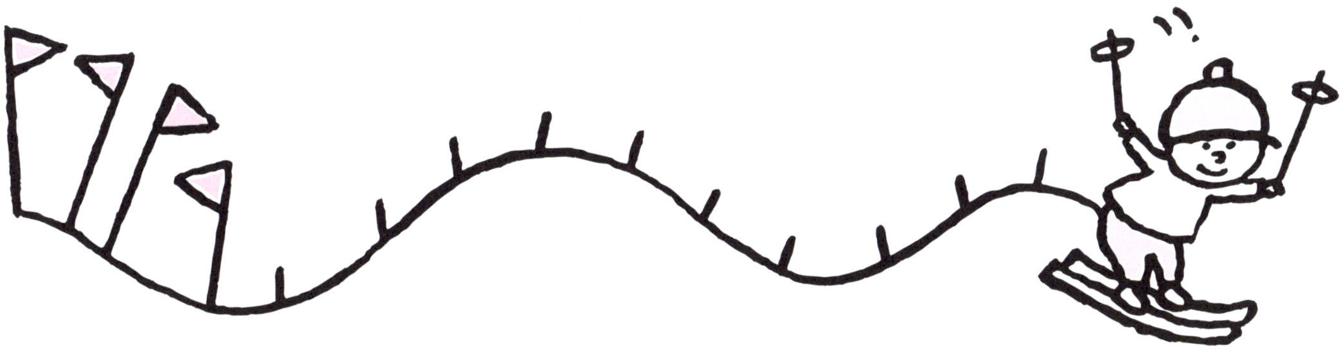

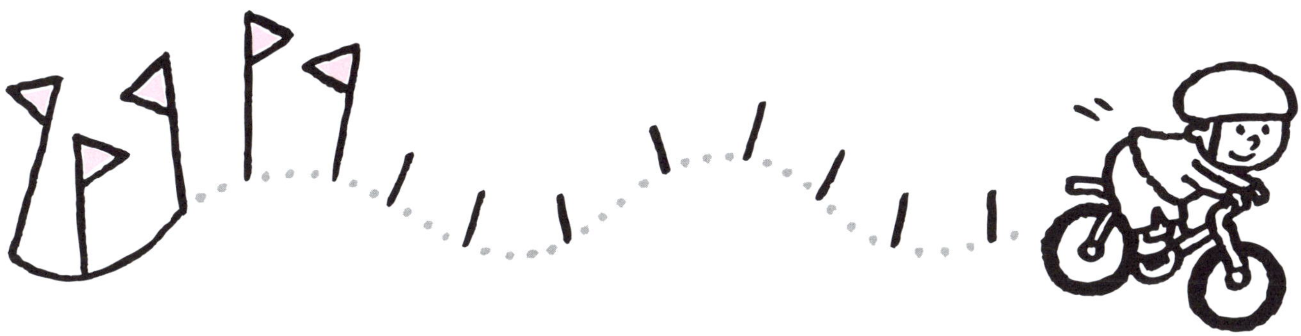

para los padres Dibujando las banderolas en la dirección correcta, vuestro hijo desarrolla el sentido de la orientación y mejora su destreza.

Dibujamos con puntos

Dibuja el pájaro y la mariposa como en el modelo, uniendo los puntos. Después pinta los animales.

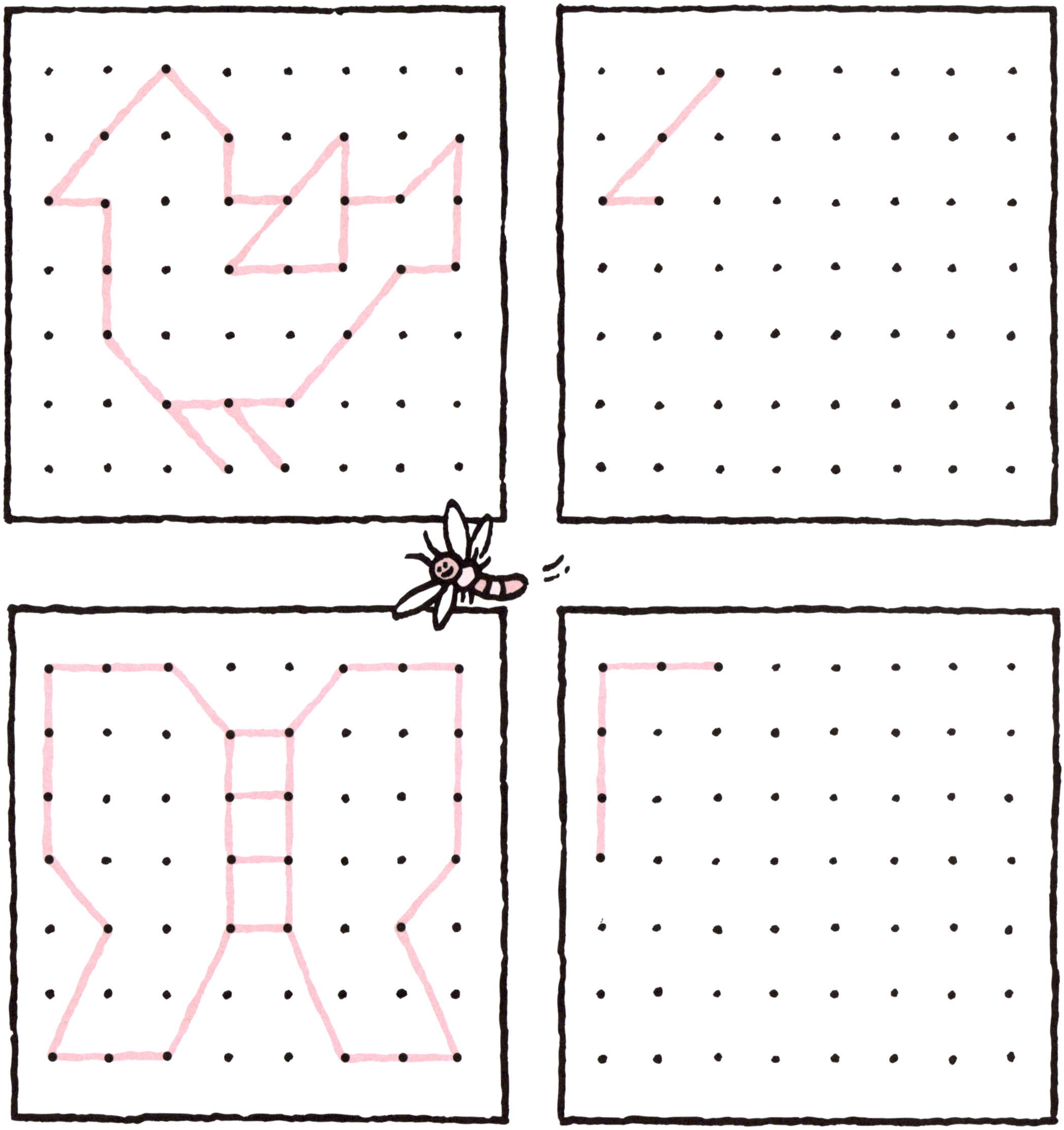

para los padres

Con esta actividad vuestro hijo aprende a observar, y esto es importante para el aprendizaje de la escritura de las letras y de las palabras. Además, aprende a orientarse en el espacio.

En el mar

Pasa el lápiz por las líneas puntos. Después pinta el dibujo.

para los padres

Pasando por las líneas curvas de este dibujo, vuestro hijo mejora su destreza y aprende a seguir un modelo.

La rana

Pinta este dibujo con los colores correspondientes. ¡Fíjate bien en el código!

 = verde  = amarillo  = rojo  = azul  = lila

para los padres

Con esta actividad vuestro hijo aprende a observar. Además, pintar es la actividad perfecta para dar flexibilidad a la muñeca.

Dibujamos motivos

Decora cada vagón siguiendo el modelo de las etiquetas. Después pinta los trenes.

para los padres Con esta actividad vuestro hijo aprende a observar y a reproducir un modelo, y esto es importante en el aprendizaje de la escritura.

La varita mágica

Esta hada ha perdido su varita mágica. Traza el camino que le ayudará a encontrarla.

para los padres

Trazando un camino entre dos líneas vuestro hijo aprende a dominar el movimiento en un espacio reducido.

Líneas onduladas

Pasa el lápiz por las líneas de puntos.

para los padres

Pasando por las líneas onduladas de este dibujo, vuestro hijo practica el aprendizaje de la escritura.

El edredón

Decora el edredón de estos ratoncitos. Con cuidado, ¡no vayas a despertarlos!

para los padres Con esta actividad vuestro hijo practica diferentes modelos de letras. Manteniéndose dentro de las pautas aprende a escribir en un espacio reducido y a dominar el movimiento.